AF611591

A. M. D. G.

MISSION CATHOLIQUE

DES RR. PP. JÉSUITES

A

MADAGASCAR

TANANARIVE

IMPRIMERIE DE LA MISSION CATHOLIQUE

MAHAMASINA

1888

FIFEHEZANA MASINA KATOLIKA

SA SAINTETÉ LEONE XIII PAPA

EVEKANY ROMA, SOLONTENANY JESO-KRISTY, DIMBINY MASIN-DAHY PIERA, LEHIBEN' NY APOSTOLY, LOHAN' NY EGILIZY REHETRA, PAPA FAHA–258.

Teraka tao Carpineto, 2 Mars, 1810;
Nofidina ho Papa, 20 Février, 1878;
Nohamasinina ho Papa sy ho Mpanjaka, 3 Mars, 1878.

SACRÉ COLLÉGE

na *Fikambanan' ny Kardinaly.*

Raha feno izany Sacré collége izany,
misy Kardinaly Eveka 6,
Kardinaly Pretra 50,
Kardinaly Diacre 14.

SACRÉES CONGRÉGATIONS

na *Fikambanana Masina.*

19 no isany; ny anankiray, dia izay atao hoe, *Propaganda*, miadidy ny fampielezana ny Finoana, sy ny fitondrana ny Egilizy any amy ny tany mbola tsy Katolika.

MPAMPIANATRA :

J. Baptiste Ranivo,
Edouard Rakotomanga, maitre de chapelle,
Alphonse Rakotobe,
Albert Rabe,
Antoine Rabe,
Jean Baptiste Ranjoany,
Michel Rakoto,
François Rainitsara.

2. ÉCOLE DES SŒURS DE S. JOSEPH DE CLUNY :

Mère S. Martin, Supérieure,
Mère Gonzague, Directrice des écoles,
Sœur Alexandre,
Sœur S. Denis,
Sœur S. Georges.

MPAMPIANATRA :

Anatolie Ravelontseheno,
Philomène Ramanantenasoa,
Anatolie Rasoandrina,
Catherine Ravelo,
Marguerite Rafara,
Rosalie Ravelo,
Eutropie Razafy,
Ambroisine Ramoratiana,
Marguerite Raketamanga.

—Lohafiangonana : { Léonce Rafaralahy,
Louis Rafiringa.

ASA SOA SAMIHAFA.

1. CONGRÉGATIONS NA FIKAMBANANA.

Ny Ray Kristiana,
Ny Reny Kristiana,
Ny Union Catholique,
Ny Enfants de Marie.

2. ARCHICONFRÉRIE.

Notre Dame des victoires,
Apostolat de la Prière.

3. FIANTRANA.

Ny fampianarana ny ao an-trano maizina sy ny ao amy ny fonja.

II. SACRÉ-COEUR, FO MASINY JESO,

ao ambohimitsimbina (1863).

Père Jean Nassès, curé

ÉCOLES

1. ÉCOLE DES SOEURS DE S. JOSEPH DE CLUNY :
Sœur S. François et deux compagnes.

Mpampianatra :

Emilienne Ravao,
Ursule Razafindramanana,
M. Georgine Razafimalala,
Josephine Razaza,
Victorine Rabado,
Germaine Ravao.

2. École ho any ny lehilahy :

Stanislas Rajaobelina.

— Etienne Ratomahenina, maître de chapelle.

— Lohafiangonana { Pierre Rainisoa, Jacques Rainijaonary.

III. S. JOSEPH, MASIN-DAHY JOSEFA, ao Mahamasina, (1864).

Père Victor Malzac, curé.

ÉCOLES

1. École des soeurs de S. Joseph de Cluny:

Mère Zénaïde, Supérieure, maîtresse des novices,
Sœur Isidore,
Sœnr S. Jérôme,
Sœur Julitte,
5 novices.

Mpampianatra hafa koa :

Marie Jeanne,
Macrine Ramananjanahary,
Delphine Rasoanavony,
Cécile Raivo,
Pauline Ravelo.

2. ÉCOLE HO ANY NY LEHILAHY :

Augustin Rainitsara,
Jean Baptiste Ramamonjy.

3. ECOLE AO AMBATONILITA :

Simon Razafy
Angèle Raketamanga.

4. ECOLE AO AN-JOMÁ :

Victoire Rafotsiraivo.

— Lohafiangonana : { Paul Rasoanaly,
Joseph Rainimora.

IV. NÓTRE DAME DU SACRÉ CŒUR,
ao Ambavahadimitafo, (1865).

Tandremany Mompera Jean Nassès.

ÉCOLES

1. ÉCOLE HO ANY NY LEHILAHY :

André Randriamitandrina.

2. ÉCOLE HO ANY NY VEHIVAVY :

Françoise

— François de Sales Rakoto, *maître de chapelle*, sy lohafiangonana.

Egilizy tandremany.	Taona niorenany.	Mpiaro.	Mpampianatra.	Lohafiangonana.
Ambohipeno	1868	Saint Michel.	Jérôme Rasoamanambola Euphrasie Ravelo Bertrand Rainizanamanga, *mpanadina*.	André Rainiketabao
Soamanandrarina	1868	S. Ignace	Joseph Rainitsimba Lucille Ratavy	Casimir Rakotovao
Alasora	1873	S. Laurent	Jean Baptiste Rakoto Catherine Rafara Marcelline	Gabriel Razafinimana-[na
Ambohimalaza	1874	S. Jean Baptiste. . . .	Alphonse Rafaralahy Angelina	Jean Bap. Razafindraibe
Imerintsiadino	1872	S. François de Sales. .	Jérôme Rainizanoely [na. Anastasie Rasoamahavelo-	Joseph Rainivalala
Antanjonandriana	1869	S. François Xavier . .	Joseph Ravohitra Apollonie Ranjanoro	Jean Rabehiratra
Soavinarivo	1872	S. Jean Evangéliste. .		Jean Bapt. Andriampa-[rana
Ambohipo	1862	Sacré-Cœur de Jésus .	Marc Randriamboala Geneviève Razaivelo	Alexis Rainimanga
Ambahivoraka (Léproserie)	1876	S. Lazare	Jean Marie	Jean Marie.

Egilizy tandremany.	taona niorenany.	Mpiaro.	Mpampianatra.	Lohafiangonana.
Antanjombato	1869	S. Philippe et Jacques	Alfred Rainitsimba Delphine Ramanandraibe	Raphaël Rainiboto.
Soavina	1882	S. Joachin		Louis Randriantsoharana.
Ambohitsoa	1868	S. François Régis. . .		François Rafaralahy.
Antsahamaina	1880	Ste Anne	Emmanuel Rakotovao. Cécile Rasoanjanahary.	Pierre Rainitavy.
Ambohijanaka (Sud)	1869	S. Jean	Zéphyrin Ramarovahoaka. Rosalie Razay.	Alphonse Rainikotomainty
Ambohimirakitra	1874	S. Barthélemy		Paul Rainisoa.
Mandrosoa	1875	Ste Rose de Lima . . .	Gabriel Mandrindra Rosalie Rafara.	Pierre Rainitsimba
Iharamalaza	1879	....	Raphaël Ratsizehena Victoire R.	
Antanamalaza	1879	....	Jean Baptiste Ranaivo R.	
Ankazomasina	1875	S. Stanislas	Raphaël Rasomanambola Madeleine Razafy.	
Vinany	1874	....		
Ambohijanaka (Est)	1872	....	Joseph Rainizanabelo. Marguerite Razafy	
Mokajy	1875	S. Eloi	R. Cécile Razafy	Rainiantoandro.
Maromby	1880	....		Rainimanisa
Ambohitsinana	1880	....	Joseph Rabenahy	
Mantasoa	1870	....	Emmanuel Raboanary Célestine	
Lohasaha	1870	Ste Germaine	Albert Marguerite	Eloi Randriantsalama
Ambalanirana	1887	....	François Xavier Rakoto. M. Christine Rasoa.	Rainisoafaniry.

Egilizy tandremany.	taona niorenany.	Mpiaro.	Mpampianatra.	Lohafiangonana.
lamehana	1872	Exaltation de la St Croix	Paul Rainibozy Emilio Rasoanjaika	Philippe Rainibadaoro
.mbatofotsy	1872	S. Louis de Gonzague	Joseph Randriamboavy	Paul Rainibako
'ieferana	1872	S. Hippolyte	Julien Philomène Rasoadara	Marc Rainilambo
.mbohidrano	1877	....	Paul Rafiringa Rosalie Razafy	Stanislas Raharinory
soavinimerina	1880	....	Pierre Ramadinavo Catherine Ratsiverinoro	Joseph Rafaralahy

MANDIAVATO R. P. PIERRE CAMPENON Missionnaire.

Egilizy tandremany.	taona niorenany.	Mpiaro.
ndrainarivo	1868	S. Jean François Régis
mbatomainty	1880	S. François de Borgia
mbohitra	1868	S. Sauveur . . . . . .
mbohijanahary	1870	....
mbohitraza	1868	....
moratelo	1881	....
mbohitrimo (Manohilahy)	1870	....
mbohimanarivo	1880	....
mbohimiadana	1882	....
mbohitsimihozo	1874	....
mbohipaniry	1887	....
mbohitrandraina	1887	....
.mpilanonana	1887	....
ntsahatanteraka	1888	....

Mpampianatra.	Lohafiangonana.
Marcel Rainimanantoanina Fr. de Sales Rainikiala Mélanie Rasoamiarandray	Raphaël Rainikotomanga
Joseph Rasoamahenina	Fr. Rasoamahamenatra
Raphaël Raoelina Louise Rasoanjanahary	
Edouard Rainizamanga	François Rainifiringa
Laurent Rainiangèle	Pierre Rainiketabao
François Xav. Rabesetroka	
Justin Rafaralahy	
François Randriambelo Angèle Raketaka	Paul Rainizanaka
Stanislas Randriamparany	
Simon Rainianjavelo	
François Randriambelo Angèle Raketaka	Rainisoarahona
Louis de Gonz. Ramasinoro Victoire	Rainikotovao
Marcel Ramanana	Rainijoelina

Egilizy tandremany.	taona niorenany.	Mpiaro.	Mpampianatra.	Lohafiangonana.
Imerimandroso	1869	L'assomption	Rapierre Norbert Rakoto Valérie Rakotaka	Marcel Randriantsihita Pierre Rafaralahimahafaka Paul Rainiketamanga Antoine Rainizaimanana
Ankeribe	1870	La Maternité	Robert Ravary M. Louise Raketaka	Pierre Rainimanana
Ambatolampy	1870	La Sainte Vierge	Apolline Rangory	Paul Rainimamoujy
Anosiarivo	1874	La Sainte Vierge . . .	Edouard Rainizavona M. Magd. Rafara	Paul Ngahifara Gabriel Rainikoto
Ankadisarotra	1872	....	François de Sales	Rainiantoandro Rainitrondro
Soamanandray	1874	N.D. du Scapulaire. .	François Rakotohita Denis Randrianambolo	J. Bte Rainiamboa Rainiketamanga
Avaratrambato	1874	La Sainte Vierge . . .	Simplice Rasoanarivo	Rainiketamanga
Mandrosohasina	1877	....		Emmanuel Rainibemanantsoa Rainimananivo
Avarabato	1875	La Sainte Vierge . . .	Simplice Ralaivao	Michel Rainibiby Paul Rakotovao
Mandrarahody	1877	S. Joseph	Paul Ravelonanosy	Joseph Rainiketabao
Ambatokitsikitsika	1876	....	Antoine Randrianary	Paul Rainiketamanga
Ambohimanandray	1872	....	Thomas Randriantavao	Antoine Rainingory
Morarano	1882	....		Rainibóna
Andranomasina	1887	....		Rainibe
Ambohinome	1877	....		Rafaralahy
Ambohimanga	1871	N.D. de Lourdes . . .	Rantoane Gabrielle	Paul Rainimaro
Manankasina	1873	S. Joseph.	Edouard Rainizavona M. Magd. Rafara	Michel Rafito Joseph Rainisoa
Idilana	1881	La Sainte Vierge . . .	Antoine Rainitompo	Rainiketamanga Rainiketaka
Ambodifahitra	1886	La Sainte Vierge . . .	Emmanuel	

Egilizy tandremany.	taona niorenany.	Mpiaro.
Ambohimanarina	1871	S. Anges
Ambohijanahary	1870	S. Stanislas
Imerinafovoana	1870	Assomption

MAROVATANA

Egilizy tandremany.	taona niorenany.	Mpiaro.
Ambohidratrimo	1869	S. André
Andrianifonana Ambohinanjakana	1869 1869	S. Jean
Tsimahandry	1871	S. Paul
Ankadimaito Angodonina	1871 1872	Ste Germaine S. Joseph
Fiakarana	1873	S. Pierre et Paul
Antsahamaina Ambohitsimeloka	1878 1886	N. D. des prodiges S. Augustin
Faralaza	1887	S. Michel
Vato	1887	
Mandrosoa (école)	1887	
Antanantanana	1887	

Mpampianatra.	Lohafiangonana.
Joseph Ramanana Marianne Razanaka	Pierre Rainitavao Thomas Rainikotovao
Ferdinand Rabefiankina-[na Martine Ratiasoa	Paul Rainitompo.
Laurent Andriamanana Angèle Rasoamanan-[draibe	Paul Rainisoanaly André Raleirahona

R. P. MURAT Missionnaire.

Mpampianatra.	Lohafiangonana.
Patrice Ramiaramanana J. Bte Ranivo Clément Randriamora Angèle Ramiza	Paul Rainimarokoto
Michel Rabe Rosalie Raketamanga	Joseph Rabako
Agnès Ramananiary	Joseph Rainizakatoan-[dro
Stanislas Rainimanuel Michel Rainisoamanga Rosalie Raketamanga	Joseph Rainisoa
François Xavier Ratavao	Rainipatsa [dry
Emmanuel Ratavao.	Pierre Ramanantoahen-
Simplice Randrianofaha-[nana Julie Raketamavo	J. Be Randrianaivo
Emmanuel Ranaivo	Joseph Rainiantoandro
L. de G. Ramarokoto Aurélie Razay	Jean Rainitsarasaotra
Alphonse Rainivelo. Emilie Ramiadana	Rainimarolahy
Joseph Randriamamonjy	Rainitaromanana
Amedée Raheby Régine Rataiza	Rainisoarimanana
Amedéo Raheby Germaine Ramanana	Rainisamananivo

Egilizy tandremany.	taona niorenany.	Mpiaro.	Mpampianatra.	Lohafiangonana.
Ambohitrimanjaka	1871	S. Louis Roi de France	Raphaël Rafiringa Rosalie Rasoa	Jean-Marie Rainifefy
Nosimanjaka	1872	N. D. de Lourdes . . .	Michel Razafimbahoaka Célestine Ranjavao	Ratrimo Randriantsivota.
Ambaniala	1872	....	Gabriel Razafindralambo R	Gabriel Rainikotaka
Voinelina	1872	S. Vincent de Paul. .	Emmanuel Raarison Julia Razafy	Emmanuel Radimy
Nosizato	1873	Sacré Cœur de Jésus	Joseph Rabezanahary	Paul Rainitsimba
Ambavahaditokana	1872	....	Stanislas Rainimamonjy	Jacques Rainilaiolona

AMBOHIBELOMA

R. P. LABOUCARIE,
R. P. POULANGE Missionnaire.

Egilizy tandremany.	taona niorenany.	Mpiaro.	Mpampianatra,	Lohafiangonana.
Mampitovy	1872	Ste Philomène	J. Baptiste	Rabarijaona
Ombalahivato	1872	....		Andriamanana
Manarina	1876	S. Stanislas.	Joseph Rabarijaona	Andriamparana
Tsampanimahazo	1870	S. Jean Baptiste . . .		Ratsiseranina
Ampany	1877	S. Louis de Gonzague	Rainipetera	Rainitompo
Fiadanana	1870	S. Vincent de Paul. .		Rainimiaramanana Randrianaivoranan-dro
Soanolazaina	1881	....		Jean Mario
Ambohibeloma	1876	N.D. de Lourdes. . .	Marinjoana	
Ambohimandroso	1871	....	Dominique	
Ambohitsivalana	1870	....	Andrianarivo	
Ambohibe	1887	S. Joseph.		Rainijaonary
Marintampona	1887	....		Rabetsisalo
Sasaka	1887	....		
Tsimadilo	1887	....		Andriaparana
Miandrarivo	1880	....		

Egilizy tandremany.	Taona niorenany.	Mpiaro.	Mpampianatra.	Lohafiangonana.
Arivonimamo	8772	Assomption	Joseph Ravelojaona Rosalie Razafy Philippe Rainisoa	Paul Rahaniraka
Antongona	1876		Emmanuel Ranaivo	Rainizafy
Ambý	1871		François Radimy François Razanaka	
Mangabe	1875			
Mandrarahody	1877		Raphaël Rainimiarana	Rainijatovo
Ambatomitsangana	1875		Alphonse Rainizanaka	Rainimavo
Antsontsindranovato	1872		Antoine Rainijaona	Raphaël Rainifako
Ambohitsaratelo	1887		Raphaël Ralesa	Raininavona
Imeritsiatosika	1886		Michel Rainikoto	Rainibetsitohaina
Manjaka	1882		Emmanuel Rainizonia Georgine Rasoa	Joseph Rainingiorivao
Soavina	1872		François Andriambelo	
Ambohitrantenaina	1887		Thomas Ramangarivo	
Mosibe	1881		Antoine Ratsisehено	Rainitsisehено
Fiadanana	1885		Raphaël Rarivo	Ngahibenaivo
Mahazo	1869		Adolphe Rakotomanga	Ranaivo
Ambohimandroso	1869		François Razafimamy	Pierre Randrianarivo-ny
Ambohijafy	1874		François Ramangarivo Angèle Rakotaka	
Ampamoa	1887		Jérôme Rainivahoaka	Rainibemanoteona
Mamoeramanjaka	1878		Robert Rainianja	Benoît Rainizafy
Masoandro	1875		Robert Randrianonenana	Rainimanganoro

Egilizy tandremany.	taona niorenany.	Mpiaro.	Mpampianatra.	Lohaflangonana.
Anosy	1873		Madeleine Ravoniary Marcel Rakotomanga	Antoine Rainitompo
Ambohinatao	1877		Vincent Rasamuel	
Ambatolakana	1876		François Rakotovao	
Mandrosoa	1875			
Imerinkiarivo	1887		François Xavier Ramanitra Philomène Ramaholy	Rainisoanalina
Kianjamalaza	1875			
Soamahamanina	1876		Joseph Ramasimbelo	Pierre Rainisoa
Tsarahavana (Nord)				
Ambohimiarina	1877		François Rainikoto	Rainiketabao
Tsarahavana (Sud)	1875		François Xavier Rainibary Victoire Ravoahangy	Benoît Rainikotomavo
Manjaka	1877		Ramena	Ramasindrano
Ambohitompo	1876		Rainizanakolona	
Amonimbola	1887		Raphaël Ralainarivo	
Antsahanandriana	1878		Paul Radafonia	Rainisoa
Soamanana	1873			
Antenimbe	1873		Andrianaivoravelo David	
Ambohikambana	1387		Philippe Rainivoantay	Rainikambana
Tsaha	1875			Rainisikina
Ambohidraisolo	1872		J. Baptiste Ravoavy	Florent Rainivao
Antanetimboangy	1879		Ramena	Rainitiaray
Fenomana	1875			
Farahery				
Ambohidray	1876		Robert Raobelona	Rainizanamavo
Ambohijatovo	1872		Marcel Randrianarijaona	Rainingiorivao

4

Egilizy tandremany.	taona niorenany.	Mpiaro.	Mpampianatra.	Lohaflangonana.
			F. X. Ranaivo *Inspecteur.*	
Fenoarivo	1877	S. Joseph	Joseph Ranaivo	Ignace Ngahimatoa Pierre Rainibaka
Ambohimasina			Theophile Ramena Gabrielle Ravao Denis Rainiberary Celestine Rasoarimanana	Paul Rainikoto
Malaza	1886		François de Sales Radosy Victorine Randrianina	Andrianavalona Pierre Rainijaona
Manankasina	1882		Raphaël Rabeso	Alphonse Rainimboa
Ambohimiarina	1882		Laurent Randriantsimiory	Alexandre Rainivoay Rainizafy
Anosikely		N. D. des Victoires	Stanislas Rainialije Cécile Rangita	Vincent Rainilaivao
Imerikanjaka	1882		Antoine Rainizanamanga	Rainivony, Rainisoa, Rainitsira
Tombonana	1882		Edouard Ramaso Angèle Ratompovelo	Rainitsara, Rainivony
Anjanamanoro	1886		Jean Baptiste Razoany Victoire Ravelo	Rainizafimanga
Soavinimerina	1882		Emmanuel Rainisoamiza M. Cécile Ratsimandresy	Rainizafinanosy
Ambohinaorina	1886		Pierre Ranaivo Justine Rasoa	Rainimaharo Rainifiringa
Manjakatompo	1880	Visitation de N. D.	Jêrome Ramanana Cécile Razafindrasoa	Pierre Ingahifotsy Prosper Radoka
Ambohidranomanga	1879	S. Michel	Jean Baptiste Ranaivo Agathe Razay	Michel Ramanitra Rainizanambelo
Tsaratanana	1880		Jean Baptiste Ralandy Madeleine Ramiadana	Rainitovo Rainitsiajaly
Lazaina	1882		Julien Rainizanaka Marie Rasoanavony	Rainisoanosy, Rai- nimena, Rainimboa
Fenomanana			Joseph Rainiboanary Victoire Rasoamanandriaka	Athanase Rainimiada- [na
Mandrosoa			Thomas Randriampinaona	Rainidosy

ATSIMO — R. P. LABASTE, Missionnaire.

Egilizy tandremany.	taona niorenany.	Mpiaro.	Mpampianatra.	Lohafiangonana.
Androibe	1868	Patr. de S. Joseph.	Alphonse Ratava Henriette Razafindrahety	Louis Ranaivo
Tangaina	1874		Edouard Ratsimba Geneviève Ravelo	Pierre Rainisoa
Ambohimanandray	1869	SS. Anges Gard.	Joseph Rabezenina Victoire Rasoandrina	Louis Ramarosandy
Ambohidava	1869	S. Mathieu,	Razafindramanitra	Victor Ramorasata
Soavinarivo	1869	N. D. des 7 Douleurs	J. Baptiste Ramanantsoavina	Paul Rainiasinary
Ambohipaniry	1873		Stanislas Rakotovao	Joseph Rainisamba
Miantsoarivo	1879		Louis de Gonzague Raomana Marie Rose Ranjavelo	Jean Ralambomanana
Ankadivavala	1881			Rainingory
Ambohimahitsy	1887			

VAKINANKARATRA — R. P. ROBLET, Missionnaire.

Egilizy tandremany.	taona niorenany.	Mpiaro.	Mpampianatra.	Lohafiangonana.
			Paul Rainivaonarivo *mpiadidy.*	
Ambohimena (Betafo)	1871		Ravonjoary Ratsimandranto	Rajotera
Ambohidravaka	1887		Rajaonarivelo	
Soamananjara (Masiniloharano)	1879		Ignace Randrianjanahary	
Tongafara	1886		Edouard Rajonatana mivady	
Marofangady	1887		Rasamoely	
Faravohitra	1887		Edouard Rarijaona mivady	
Marintampona	1887			
Ankarahara	1886		François	
Faravato	1882		Razaia	
Analamanga	1882			
Masompeferana	1882		Rajozefania	

Egilizy tandremany.	taona niorenany.	Mpiaro.	Mpampianatra.	Lohafiangonana.
Manarinarivo	1882		Paul Randrianarahina Lazarosy	
Anjozoro	1882		Rainibezezika	
Andrainarivo	1887		Georges Rajaobelina mivady	
Antanambao (Sonjomafy)	1887		Rajaonarivelo mivady	
Ambatolahivola	1882		Rainiarivo	
Ankarinarivo	1882		Hippolythe Rafanoely	
Ibadilanana	1882		Joseph Ramenoasy mivady	
Ambohimarina	1886		Rasalomona	
Kilomo	1886			
Tsarahafatra	1886		Raleimiandravonina	
Antanámbo	1882			
Ambohibola	1882		Ignace Rasamoely mivady	
Mandrarivo	1882		Rainisoavonimbola	
Vinaninony (Sud)	1886			
Amboniriana	1882		Damase mpanampy	
Antsaha	1887			
Fiainana	1882		Pierre Razakaria	
Fiasinana	1882			
Ambohitsara	1882			
Ambohitrandriamanitra	1887		Ramarijaona	
Ambohijanahary	1882		J. Baptiste Rainijaona miv. Radoara	
Antsampanimahazo	1882		Rainitsimba Rainiarimanga	
Fandrianarivo	1887		Rajozia	
Antsahalava	1882			
Ambohibeloma	1882		Edouard Rapanoely mivady	
Miarinkofeno	1882		Gabriel Rasamoely	
Antoby	1882		Rakoto Raininosy	

ANKARATRA

Egilizy tandremany.	taona niorenany.	Mpiaro.
Amparihimena	1882	
Mampiambo	1886	
Iazolava (Ambatolam-	187o	
Mahalavaolona [py)	1882	
Morarano (Ambatotsi-	1882	
Ambatotokana [pihina	1877	
(Ambohitranjomba	1878	
Ambatolampy (sud)	1872	
Ankazoavo	1876	
Ambatoharanana	1870	
Anjamana	1878	
Ambohibary	1886	
Mandritsara	1882	
Tsaraonenana	1882	
Ankianjanakanga	1879	

ANKARATRA

Egilizy tandremany	taona niorenany.	Mpiaro
Ambatofotsy	1875	
Ambohitrandriamani-	1875	
Kelilalina [tra	1874	
Antapiafady	1876	
Ankararana	1879	
Imamolahy	1875	
Avaratramarovitsika	1875	
Faratsio	1876	

(atsinanana)

Mpampianatra.	Lohafiangonana.
Emmanuel Razakamady *Mpiadidy.*	
Rajoely mivady	
François Rainisoavahiny	
Pierre Eliza mivady	
Augustin Andrimikasa	
Raphaël Rabemavo	
{Emmanuel Razakamady mi-	
{Pierre Rainifiringa [vady	
Rainisoaniala	
Isidore mivady	
Andriantsalama	
Rainibodofotsy	

(andrefana)

Mpampianatra	Lohafiangonana
Pierre Rainikoto vao *Mpiadidy.*	
Jean-Marie mivady	
Joseph Ratsaralafy mivady	
François Xavier Ramanitra	
Denis Randriananantoanina	
Vincent Ranaivo	
Bernard mianadahy	
Benjamin Ravonjy	

VALABETOKANA

Egilizy tandremany.	taona niorenany.	Mpiaro.
Voabazaha	1882	
Morarano	1886	
Ambatoasana	1886	
Ambohipienenana	1886	
Mahazo	1886	
Ampontany	1886	
Masoandro	1882	

AMBOSITRA.

Egilizy tandremany.	taona niorenany.	Mpiaro.
Ambositra	1876	S. S. Cœur de Marie
Ambohimahatsara	1878	S. Ignace
Ambatomena	1882	S. Pierre
Alarobia	1882	S. Joseph
Imady.	1882	S. Paul
Ambohimirary	1882	S. Michel
Sahamadio	1886	S. Gabriel

VALABETOKANA

Mpampianatra.	Lohafiangonana.
François Raonimalanja Rainianjavelo Rajaona	
Rainitahaka Rajonasy Rabarijaona	

R. P. BERTHIEU, R. P. GALTIER, R. P. JEAN, R. P. TALAZAC, Missionnaire.

Mpampianatra.	Lohafiangonana.
Benoît Rakotonavalona Antoine Ravelo. Germaine Delphine Thérèse	Paul Rainitavy
Pierre Rafaralahy	Rafahitra
Alphonse Delphine	Rainilahy
Paul Victoire	Rainisoamorona
Isidore Rosalie	
Léopold Marie Angèle	Ramanamihanta
Stanislas Térèse	Rainikotomanga

BETSILEO

R. P. GERMAIN VIGROUX, *Supérieur*.

FIANARANTSOA

S[t] NOM DE JÉSUS,

ao Ambozontany, (1871).

Père Jean Baptiste Bareyt, curé.
P. Jean Baptiste Valette, missionnaire excurrens.

ÉCOLES

1. ÉCOLES DES FRÈRES DES ÉCOLES CHRÉTIENNES.

Frère Véronien, Directeur,
F. Joseph,
F. Valentin,
F. Soula,
F. Dursapt.

MPAMPIANATRA :

Joseph Rainibao,
Benoît Rabe,
Benjamin,
Remi Rakotobe,
Bernard Ratsimba.
Désiré Ramamonjy.

2. ÉCOLE DES SŒURS DE S. JOSEPH DE CLUNY.

Mère Marie, Supérieure,
Mère Télesphore,
Sœur Marie-Augustine,
Sœur Véronique.

MPAMPIANATRA :

Marie-Esther,
Maria,
Gertrude.

Andranomalahelo (1887).

MPAMPIANATRA : { Paul Randrianarivony
Magdeleine

KIANJASOA

R. P. Missionnaire.
Mpiadidy, André Raonitonia

Egilizy tandremany.	taona niorenany.	Mpiaro.	Mpampianatra.	Lohafiangonana.
Kianjasoa	1872		Martial Philomène	
Tambohobe	1881		Pierre Randriamasy	
Ambatolahibotraingo-ua	1882		Daniel Randriamasy	
Vatosola	1881		Joseph Ratsiry	
Ankaranosy	1879		Jean Baptiste Raotozafy	
Manolafaka	1879		Pierre Ramanajarivo	
Vinaninoro (Sud)	1882		Jean Rainivelo	
Ialananindro	1879		Emmanuel Randriamanjary	

ANDRAINJATO

R. P. Missionnaire.
Mpiadidy, Pierre Ratsimba

Egilizy tandremany.	taona niorenany.	Mpiaro.	Mpampianatra.	Lohafiangonana.
Andrainjato	1880		Emmanuel Rainitsimandresy	
Amboasary	1887		Joel	
Mitongoa (Ouest)	1881		Jean-Marie Randrianannaty	
Tsaramody	1887		Jérôme Raotozanabola	
Tanjombita	1887		Germain Raotozanabola	
Andriana	1880		Joseph Razafivony	
Ilalazana	1877		Joseph Rainiadaoro	
Amboavato	1887			

ALAKAMISY

R. P. FAURE, Missionnaire.
Mpiadidy, Denis.

Egilizy tandremany.	taona niorenany.	Mpiaro.	Mpampianatra.	Lohafiangonana.
Alakamisy	1872	Saint Mathieu	Jean Josephine	
Sahavondronina	1887		F. Xavier Andriantsimienina	
Ambatovaky	1887		Philibert Andrianekena	
Ambohimaha	1887		Barthélemy Rainiasy	
Anteza	1887			
Andranomenanjaza	1881			

ALAKAMISY

R. P. FAURE, Missionnaire.
Miadidy, Denis.

Egilizy tandremany.	taona niorenany.	Mpiaro.	Mpampianatra.	Lohafiangonana.
\mbatoraouenaua	1882		Jérôme Ramongo	
\ndranolava	1882		François de Salès R	
\mbohidalangina	1887		Romule Andriamarovola	
'androkosy	1882		Marcel Andriamisikimbola	
\nkaramalaza	1887			
\mbatolahimavo	1881		Joseph Rainizanaka	
\mbohipo	1887		Emmanuel Ramasy	

AMBOHIMASINA

R. P. JALBERT, Missionnaire.
Mpiadidy, R.

Egilizy tandremany.	taona niorenany.	Mpiaro.	Mpampianatra.	Lohafiangonana.
\mbohimasina	1879		Paul Ravelonosy	
\mboasary	1877		Jérôme Rasoaravo	
'enomby	1879		Germain Rainizanaka	
ìabotsy	1878		Ramaho	
alamalaza	1887		Jean-Marie Ralaijoma	
'aliarivo	1881		Marcel Raotozafy	
'sarafidy	1880		Ramasy	

AMBOHITRANDRIANA

R. P. CROS, Missionnaire.
Mpiadidy, Jean Baptiste Ramanjato

Egilizy tandremany.	taona niorenany.	Mpiaro.	Mpampianatra.	Lohafiangonana.
\mbohitrandriana	1879		Joseph Rasamizafy	
ìomaina	1881		Martial Andriandroanjariana	
ìahanavelo	1886		Pierre Rasamizafy	
'ranolozoka	1882		Joseph Ramaka	
'ohipary	1880		Pierre Ratsimandaro	
\mbatosoa (Ouest)	1881		Jean Andriandroananana	
laobato (Ouest)	1887		Jean Raotoivo	
laobato (Sud)	1887			

MAHATSANDA

R. P. CROS, Missionnaire.
Mpiadidy, Isidore Rainiboto.

Egilizy tandremany.	taona niorenany.	Mpiaro.	Mpampianatra.	Lohafiangonana.
Mahatsanda	1877	Saint Ignace	Jean Rasamy	
Andakana	1879			
Ambondrona	1880		Paul Ramanjato	
Ilangela	1886		Jérôme Raotoanaty	
Ambohijanakova	1878		Joseph Rainitiaray	
Ampano	1881		Martial Raonibetany	
Manaokoa	1887			
Ambatosoa (Est)	1887		Paul Rasamy	
Salonjy	1887		Pierre Ramanjakalaza	
Soahija	1887			

AMBOHIMANDROSO

R. P. FABRE, Missionnaire.
Mpiadidy, Télesphore.

Egilizy tandremany.	taona niorenany.	Mpiaro.	Mpampianatra.	Lohafiangonana.
Ambohimandroso	1872	Saint Barthélemy	Jean Andriamavo	
Mahazony	1878		François Régis Rainiboto	
Ambohinaorina	1882		Paul Razafy	
Ambohidaholo	1880		Evariste Rainibia	
Kilonjy	1882		Eloi Ravita	
Tsiakara	1880		Paul Rakotomanga	
Vohitrarivo	1878		Bernard Raleivao	
Ankarinarivo	1879		Ignace Rajaonary	

AMBALAVAO — R. P. DELMOND, Missionnaire.
Mpiadidy, Benoît Rabe.

Egilizy tandremany.	taona niorenany.	Mpiaro.	Mpampianatra.	Lohafiangonana.
mbalavao	1887	Saint Joseph	Grégoire Rakotovao	
mbohimahamasina	1886		Benoît Ravita	
lasora	1880		Joseph Andriandroamalaza	
ihena	1879		Andriamamelonony	
'ohidroa	1887			
'ohidahy	1879		Ravita	
oaindrana	1887			
'ohimanombo	1879		François R	
ananomby	1887			
evoalavo	1880		Andriamalazamanga	
'andána (Ouest)	1879			

NATAO — R. P. de VILLÈLE, Missionnaire.
Mpiadidy, R.

Egilizy tandremany.	taona niorenany.	Mpiaro.	Mpampianatra.	Lohafiangonana.
atao	1877	Saint François Xavier	Germain Ratsirindrainony	
'ohibola (Ouest)	1879		Joseph Rabary	
'ohibola (Nord)	1887		Jason Rainiboto	
'inaninoro (Ouest)	1880		Pierre Rainimaha	
nkarinarivo	1882		Augustin Rasalama	
hadimanga (Est)	1887		Rainizanakandevo	
hadimanga (Oust)	1887		Romain Rainikalady	
nasandratrony	1887			
mpantsakana	1882		Jean Baptiste Ravelolahy	
akaroa	1882		Paul Rasamizafy	
asimbahoaka	1887		Jean Baptiste Ralijaona	
ndriamandry	1886		Philippe Raotozafy	
ndriampasika	1880			
larobiabefeta	1882		Ramananjaona	
njanana (Sud)	1880		Pierre Ramasy	
njanana (Nord)	1880		Jean-Marie Andrianjafy	
nkarambahoaka	1875			

FANJAKANA

Egilizy tandremany.	taona niorenany.	Mpiaro.
Fanjakana	1872	Saint Raphaël
Ikando	1880	

AMBOHITRANDRAZANA

Egilizy tandremany.	taona niorenany.	Mpiaro.
Ambohitrandrazana (Est)	1886	
Ambohitrandrazana	1887	
Tsiambaina [Ouest]	1887	
Vohitsisaky	1887	
Ambohimanana (Est)	1887	
Ambohimanana Ouest	1887	
Tsimahamenalamba	1887	
Marodinta	1887	
Vohipotsy	1887	
Ambohimila	1887	
Itafo	1887	

MANEVA

Egilizy tandremany.	taona niorenany.	Mpiaro.
Maneva	1876	
Tsaboka	1881	
Ambohibolamena	1882	
Ankaritsananana	1879	
Vohiambana	1887	
Iavonomby	1887	
Ijery	1879	
Ambohimanarivo	1879	

R. P. Missionnaire.
Mpiadidy, R.

Mpampianatra.	Lohafiangonana.
Florent / Emilienne	
Rémi Ralahy	

R. P. Missionnaire.
Mpiadidy, Paul Rasamizafy.

Mpampianatra.	Lohafiangonana.
Samuel Rasamizafindramanjato	
Joseph Ramasimahavola	
Bernardin Andriambelo	
Raphaël Ratsia	
Venance Rasamizafy	
Florent Rainikamisy	
Polycarpe Rasamizafy	
Sylvestre Ramarovony	
Andriambelo	

R. P. Missionnaire.
Mpiadidy, Joseph Rainizanabelo.

Mpampianatra.	Lohafiangonana.
Jean Baptiste Rainivita	
Basile Andrianeivola	
Marcelin Ramasiananjato	
Rainikalabia	
François Razafy	
Marcel Rainididy	
Joseph / Claire	
Pierre Razafimanaranampy	

ANKARIMASO

Egilizy tandremany.	taona niorenany.	Mpiaro.
Ankarimaso	1879	Saint Paul
Ambatofinandrahana	1881	
Ialamarina	1887	
Ankaranoro	1887	
Ilefoka	1882	
Fatakanina	1886	

VOHITRAFENA

Egilizy tandremany.	taona niorenany.	Mpiaro.
Vohitrafena	1880	
Tandrokazo	1881	
Vinanitelo	1882	
Ambohimanana	1886	
Vohitravaotra	1881	
Anjanomanana	1882	
Ilaza	1887	
Sahave	1887	
Anjanamahasoa	1881	
Amboronkotsy	1887	
Ankaramalaza	1887	
Vatomitantana	1887	

R. P. Missionnaire.

Mpiadidy, Paul Rainizanamino.

Mpampianatra.	Lohafiangonana.
Jean-Marie Rainisabotsy	
Paul Rainisabotsy	
Jérôme Rainivelo	
Samuel Rainialaha	
Marcel Andrianànana	
Paul Rainivaofotsy	

R. P. Missionnaire.

Mpiadidy, Emmanuel Randriantsalama.

Mpampianatra.	Lohafiangonana.
Bernard / Victorine	
Jean-Marie Andriamasy	
Rainilahy	
Joseph Andrianeivola	
Jean Baptiste Andriamitsiry	
Alfred Radalo	
Martial Andrianeimalaza	
Rainiboto	
Rainilahy	
Razafimitsiry	
Razafitsilanimanga	
Rainibao	

R. P, Missionnaire.
Mpiadidy, Jérôme Rasamivanonjato.

Egilizy tandremany.	taona niorenany.	Mpiaro.	Mpampianatra.	Lohaflangonana.
Ambohibarehena	1880	S. François Borgia	Pierre Raonilaza	
Mahasoabe (Lalangina	1887		Andrianekenony	
Mahasoabe (Larobia)	1887		Paul Andriamitombolaza	
Fandrandava	1887		David Rasamiananandaza	
Tambohobe	1887		Rainijoma	
Ranomena	1887		Paster Rainikalondovo	
Vohinendra	1887		Victor Andriamitsiry	
Ambatobe	1887		Razafimitsiry	

BETSIMISARAKA.

SAINT JOSEPH

ao Toamasina, (1861).

Père Lacomme, curé,
P. Bregère Missionnaire,
P. Chenay Missionnaire. (1)

ÉCOLES

1. ÉCOLE DES FRÈRES DES ÉCOLES CHRÉTIENNES

Frère Ptolémée, Directeur,
F. Jean l'Evangeliste,
F. Roch,
F. François.

2. ÉCOLE DES SŒURS DE St JOSEPH DE CLUNY.

Mère S. Leu, Supérieure,
Sœur Vincent,
Sœur Marie du Carmel.

(1) Plusieurs points de la côte sont évangélisés par le P. Chenay.

www.ingramcontent.com/pod-product-compliance
Ingram Content Group UK Ltd.
Pitfield, Milton Keynes, MK11 3LW, UK
UKHW020400250726
13967UKWH00005B/2385

9 782012 951495